LES PILATE

ET

LES NOGARET MODERNES

LA PRÉTENDUE

RÉPUBLIQUE DÉMOCRATIQUE ET SOCIALE

PAR LE PRINCE DE ROSSY

> La misanthropie est un sentiment méconnu ;
> il y a des hommes qui aiment mieux fuir que
> feindre.
>
> (Marquis DE CUSTINE, *la Russie* en 1839.)

PARIS

IMPRIMERIE BALITOUT, QUESTROY ET Cᵉ,

7, RUE BAILLIF, ET RUE DE VALOIS, 18.

1872

LES PILATE

ET

LES NOGARET MODERNES

PARIS. — TYPOGRAPHIE BALITOUT, QUESTROY ET COMPAGNIE

Rue Baillif, 7, et rue de Valois, 18.

LES PILATE

ET

LES NOGARET MODERNES

LA PRÉTENDUE

RÉPUBLIQUE DÉMOCRATIQUE ET SOCIALE

PAR LE PRINCE DE ROSSY

> La misanthropie est un sentiment méconnu,
> il y a des hommes qui aiment mieux fuir que
> feindre.
>
> (Marquis DE CUSTINE, *la Russie* en 1839.)

PARIS

IMPRIMERIE BALITOUT, QUESTROY ET C°,

7, RUE BAILLIF, ET RUE DE VALOIS, 18.

1872

LES PILATE

ET

LES NOGARET MODERNES

« La magistrature française a fourni à l'histoire des noms immortels ; mais en revanche, depuis Louis XI jusqu'à Napoléon III, où le pouvoir absolu a-t-il trouvé des instruments plus dociles, de plus lâches adulations, et, pour trancher le mot, de plus plats valets que parmi ces légistes dont vous faites les seuls défenseurs du juste et du vrai ? » *(Lettre du comte de Montalembert à M. Dupin.)*

Tout le monde connaît ces noms immortels. Il n'est donc pas nécessaire de rappeler leur histoire. Mais quelque grande que soit l'illustration des du Harlay, des Molé, des d'Aguesseau et de tant d'autres magistrats qui furent la gloire de la France, cette gloire n'a pas été consacrée par le martyre, comme celle des Thomas de Cantorbéry, des Fisher de Rochester et des Thomas Morus, qui payèrent de leur vie leur résistance aux ordres tyranniques de monarques tout-puissants. La magistrature française n'a fait de l'opposition aux rois que lorsqu'ils étaient faibles et qu'elle était elle-même soutenue par l'opinion. « La Cour rend des arrêts et non pas des services, » disait le premier président Séguier à Charles X, en 1830. Le mot est beau sans doute ; mais, adressé à un souverain perfidement attaqué et lâchement abandonné, il n'était ni opportun ni généreux. Ce mot, eût-il été prononcé devant un Henri VIII, contraignant tous les évêques d'Angleterre, tous les pairs, ainsi que tous les magistrats, à reconnaître sa suprématie religieuse? Il est permis d'en douter. « Cédez, disaient ses amis à Morus, vous ne devez avoir d'autre opinion que le Grand Conseil d'Angleterre. » *J'ai pour moi toute l'Église,* répondit-il, *qui est le Grand Conseil des chrétiens.* Et il préféra la mort à l'apostasie.

En France, il ne faut pas l'oublier, tant que la royauté a été forte, les Parlements ont été serviles ; mais lorsqu'elle fut affaiblie, comme sous Louis XVI, les Parlements devinrent insolents. Ils n'ont pas peu contribué à la ruine de la monarchie et de la noblesse, dont ils étaient bien plus les rivaux et même les ennemis que les soutiens. Les conséquences d'un mauvais règne sont incalculables ; elles se font sentir jusque dans les siècles les plus éloignés. Certes, quand Philippe-le-Bel dominait le Pape d'abord à Rome, puis à Avignon, au moyen de ses astucieux légistes, il ne se doutait guère que les plats instruments de son orgueil engendreraient plus tard des magistrats qui ruineraient l'autorité de ses successeurs, comme il avait détruit lui-même celle de la Papauté. Quand Louis XVI fut envoyé à l'échafaud, le 21 janvier 1793, par une tourbe d'odieux et de lâches avocats ou jurisconsultes dont la noire scélératesse était tout le génie, qui pensait alors au pape Boniface VIII violenté, à l'âge de 86 ans, le 7 septembre 1303, à Anagni, par Guillaume de Nogaret, au nom du roi de France, petit-fils de Saint-Louis? Qui oserait cependant décider que l'infortuné Louis XVI n'ait pas expié le crime de l'un de ses prédécesseurs, cinq siècles après qu'il fut commis?

Guillaume de Nogaret fut anobli en 1299, car les actes de 1298 ne lui donnent que le titre de *magister.* Au contraire, dans un acte passé à Montpellier, à la fin de 1299, il est qualifié *miles* ou chevalier. « C'est sous le règne de Philippe le Bel qu'on voit paraître ces chevaliers ès-lois, que l'on peut considérer comme la véritable origine de la noblesse de robe. Le titre officiel de Nogaret sera désormais *legum doctor et miles,* ou *miles et legum professor* ou simplement *miles regis Franciæ.* Une classe d'hommes politiques entièrement nouvelle, ne devant sa fortune qu'à son mérite et à ses efforts personnels, dévouée sans réserve au roi qui l'avait créée, rivale de l'Église, dont elle aspirait, en bien des choses, à prendre la place, faisait son entrée dans l'histoire de notre pays, et allait inaugurer, dans la conduite des affaires, un profond changement. » (RENAN, *Revue des deux Mondes,* 15 *mars* 1872.)

On ne saurait mieux dire. Oui, Philippe le Bel est, sans aucun doute, un des rois qui ont le plus nui au Saint-Siége, en créant cette noblesse de robe, ennemie de l'Église, « dont elle aspirait à prendre la place. » Mais insensés étaient alors les hommes qui ne voyaient pas qu'elle prendrait aussi celle de la royauté qu'elle ne flattait, dans l'origine, que pour mieux la perdre plus tard. La magistrature ou noblesse parlementaire ne s'en est pas moins considérablement affaiblie, sinon totalement perdue elle-même, par toutes ses palinodies hypocrites ; car aujourd'hui c'est la personne du magistrat qui honore la place et non la place qui honore le magistrat.

Voyez, en effet, depuis la guerre que les magistrats ont déclarée à l'Église, à quel point tous les caractères sont avilis ! A la Convention, la majorité ne voulait pas la mort de Louis XVI, qui n'était impérieusement demandée que par les Jacobins. Les Girondins ont fait de belles phrases pour masquer la lâcheté qu'ils ont eue, afin de ne pas compromettre leur propre vie, de condamner le Roi. Cette lâcheté ne les a sauvés que quelques mois. Dès le 31 mai ils étaient mis hors la loi, et ils périssaient sur l'échafaud, le 31 octobre suivant.

De nos jours, la majorité de l'Assemblée nationale veut certainement le maintien du Pape ; on a vu le courage qu'elle a montré, pour le défendre, dans sa séance du 22 mars dernier. Il n'est pas possible d'y penser sans rougir de honte. Les avocats, les jurisconsultes, les magistrats de tout grade, de toute science et de tout rang ne manquent pas plus dans cette assemblée qu'ils ne manquaient à la Convention. N'attendez par conséquent d'elle aucune conviction religieuse ou politique, aucune énergie pour le bien. Hors de la Chambre qui n'est, hélas ! que la représentation exacte de l'abaissement des esprits en France, il n'y a d'ardeur chez les hommes de loi que lorsqu'il s'agit de censurer ou d'attaquer l'Église, et Dieu sait avec quelle dignité, quelle bonne foi et quelle générosité srrtout, ils s'acquittent des commissions qu'ils se donnent d'interroger, d'incriminer et même d'incarcérer les prêtres, les religieux ou les religieuses, le plus souvent à tort et à travers. C'est presque toujours la mise en pratique de la fable du loup et de l'agneau du bon La Fontaine. Il me suffira, pour justifier mon dire, de

citer l'affaire du couvent de Carcassonne qui résume toutes les autres de ce genre et je laisse la parole à M. Veuillot.

« L'affaire dite du couvent de Sainte-Gracieuse, à Carcassonne,
n'est pas terminée par l'ordonnance de *non lieu*. Elle change seulement de physionomie, et n'intéresse pas moins le public, étonné
de voir avec quelle facilité on peut tourmenter et diffamer les
citoyens français.L'opinion, si cruellement poussée contre les inno-
cents, se retourne contre les persécuteurs. Il s'agit de savoir si les
honnêtes gens sont en sûreté chez eux, lorsque leur condition
sociale et leur genre de vie ont le malheur de déplaire à certaines
catégories de particuliers ou de fonctionnaires. Existe-t-il des lois
protectrices contre le caprice de la folie ou de la perversité, et suf-
fit-il d'une plainte telle quelle, agréée tellement quellement d'un
magistrat quelconque, pour qu'une avalanche de gendarmes, de
juges et de journaux fonde sur vous et ravage vos intérêts et votre
honneur, sauf à dire, quand la besogne est faite : Il n'y a pas
lieu? . . . .

» Plus on examine cette odieuse histoire, plus on est stupéfait
des détails qu'on y rencontre. L'irrévérence envers le droit y égale
l'irrévérence envers la religion, et tous les genres d'abus s'y donnent la main. Nos vœux appellent une divulgation vengeresse,
non moins nécessaire à la réforme intérieure de la justice qu'à la
sécurité des particuliers. Il y a des choses que l'on fait, et qu'on ne
doit plus faire ; il y a des hommes dont les fonctions exigent plus de
prudence, plus de vigilance, plus de courage, plus de respect d'au-
trui et d'eux-mêmes qu'ils n'en ont su montrer ; il y a des respon-
sabilités que la magistrature doit prendre et des irresponsabilités
dont son honneur et l'intérêt public demandent que le bénéfice pé-
rilleux ne lui soit pas conservé ; il y a surtout une défense active
et légale de la société religieuse dont les catholiques doivent
prendre l'initiative en toute rencontre et contre tout assaillant. »
(*Univers*, 13 avril 1872.)

Qu'on ne prétende pas, pour excuser la magistrature, que
nous vivons sous un gouvernement provisoire, qui ne protége ni
les hommes ni les choses efficacement. D'abord la magistrature
devrait les protéger sous tous les régimes, ce qu'elle ne fait pas,
puisque sous les gouvernements qu'elle redoute, retournant le mot
de M. Séguier, avant de rendre des arrêts, elle rend des services.
Etait-ce, par exemple, pour prouver son amour de la justice, que,
sous Napoléon III, un procureur impérial faisait cerner l'évêché de

Luçon par ses gendarmes, qu'il ordonnait une visite domiciliaire chez *monsieur l'évêque,* pour parler le langage du Palais, sous prétexte d'y chercher des lettres d'Henry V? Ces lettres, on n'avait garde de les trouver, par la raison qu'elles n'avaient pas été écrites. Mais la magistrature avait cependant obtenu le résultat qu'elle voulait. D'abord elle avait vexé un prélat qu'elle n'aimait pas, à cause de son zèle apostolique, puis elle l'avait déconsidéré autant qu'elle s'en était cru le pouvoir, devant les populations de son diocèse. Que des évêques ou de pauvres femmes cloîtrées sans appui, subissent, sans se plaindre, de pareilles avanies, je le conçois, jusqu'à un certain point. « Mais il y a une défense active et légale de la société religieuse dont les catholiques doivent prendre l'initiative en toute rencontre et contre tout assaillant. » C'est pour combattre le mal qui nous envahit de toute part, jusque dans les refuges les plus inviolables et les plus sacrés, que je répète cette conclusion de M. Veuillot. Si les catholiques, en première ligne, si même tous les indifférents ou sceptiques, qui demandent seulement à l'État l'ordre matériel, ne suivent pas le conseil de l'*Univers,* avant peu cet ordre matériel sera troublé, et dans cette société française si fière de ses prétendus progrès, les persécuteurs ne seront pas plus en sûreté que les persécutés.

Il faut surtout réclamer une loi, qui autorise à traduire devant les tribunaux les magistrats qui auront abusé de leur pouvoir. On parle sans cesse de liberté en France; suis-je libre cependant, je le demande, lorsqu'il est permis à un simple procureur de je ne sais qui ou quoi, tantôt du Roi, tantôt de l'Empereur ou de la République, d'un gros bourg ou d'une grande ville, lorsqu'il est permis à ce procureur de tous les régimes de fouiller ma maison de la cave au grenier, sous les prétextes souvent les plus futiles, de saisir mes papiers de famille les plus secrets et de m'emprisonner préventivement deux ou trois mois, jusqu'aux assises prochaines? Alors il sera prouvé que je n'ai pas eu en ma possession un seul document intéressant l'Etat, que je n'ai en rien conspiré contre sa sûreté. N'importe, mes secrets n'en seront pas moins devenus la fable du public; j'aurai été en prison et par conséquent je serai criminel aux yeux des envieux et des sots. Quant aux magistrats qui se seront rendus coupables d'arbitraire, ils continueront de juger et de condamner comme il leur plaira, sans que j'aie aucun recours contre eux, pour avoir raison de leurs torts et rétablir ma réputation. Voilà ce qu'on appelle la liberté; et c'est pour être en butte à de semblables iniquités, à des traitements aussi humiliants, qu'on a fait vingt révolutions, qu'on vante à tout propos les mœurs nouvelles et le progrès! Quelle dérision!

Il faut donc, je le répète, une loi qui défende aux magistrats de violer la liberté et le domicile des gens de bien, sans les plus graves et les plus évidentes raisons. Il en faut une seconde qui permette, au contraire, de les poursuivre et de les châtier sévèrement lorsqu'ils seront atteints et convaincus d'arrestations et de perquisitions arbitraires. Car si la maison d'un homme jugé jusque-là irréprochable, n'est pas pour lui un asile sûr, où l'on ne puisse pénétrer que dans le cas de flagrant délit, la liberté n'est qu'un mot et il n'y a plus même de patrie.

A défaut de ces lois, c'est aux simples particuliers qu'il appartient de se faire justice eux-mêmes, en attaquant, par tous les moyens de droit, la vie publique et privée de ces hypocrites sans pudeur, ennemis systématiques de l'Église, afin de montrer au peuple quelle est la valeur de leurs jugements.

Je me souviens que, dans ma jeunesse, on citait plusieurs conseillers de la Cour royale, à Rennes où j'habitais transitoirement, qui entretenaient publiquement des femmes de mauvaise vie. Ces sortes de scandale ne se voient pas qu'en Bretagne et ils sont même assez fréquents chez les magistrats de toutes les provinces de l'Est à l'Ouest, et du Nord au Midi. Oh les bons juges! quand ils entreprennent de prouver aux religieuses qu'ils traduisent à leur barre, qu'elles ne vivent pas chastement. Qu'on ne perde pas de vue qu'en matière de religion, de mœurs, comme, je l'ai dit ailleurs, lorsqu'il s'agit de dignité et de noblesse, les magistrats seront rarement des Thomas Morus. Ce sont des Pharisiens en apparence austères, mais au fond des sépulcres blanchis, qui condamnèrent Jésus-Christ. Leurs dignes successeurs forcent aujourd'hui, sans aucun droit, les clôtures des couvents en France, en Italie, en Allemagne, partout; et il n'y a plus désormais de retraites, en Europe, où les âmes d'élite soient à l'abri de leur contact impur.

J'ai horreur de l'impiété et de la félonie de ces hommes qui mettent effrontément leurs viles passions au-dessus des lois. En les combattant, je n'entends pas évidemment prendre à partie la Justice, sans laquelle nulle société ne saurait durer. Mais toute justice qui n'a pas Dieu pour unique mobile est menteuse. Ce n'est plus que la violence ou la force, déguisée sous une robe noire ou rouge, de laine ou de soie. On doit obéir aux puissances, oui, mais seulement jusqu'au point où elles s'éloignent de la loi divine. Au delà, tout chrétien doit aussi regarder fièrement en face le magistrat prévaricateur, qui se permettrait de lui adresser des reproches et lui dire : « Je ne relève pas de vous et je ne vous connais pas. Les chrétiens ne sont jugés que par des chrétiens.

» Se peut-il que l'un d'entre vous, ayant un différend avec son frère, ose l'appeler en jugement devant les infidèles et non devant les saints? Ne savez-vous pas que les saints jugeront un jour le monde. . . . .

» Je le dis à votre confusion, est-il possible qu'il ne se trouve point parmi vous un homme sage qui puisse être juge entre ses frères? » (Saint Paul, 1re *Epître aux Corinthiens*.)

Les ennemis de l'Eglise ne sont pas aujourd'hui violents, en général, comme ils l'étaient dans les premiers temps du Christianisme, au seizième et au dix-huitième siècle, ou pendant la Révolution. Ils sont, au contraire, mielleux, flatteurs et cauteleux ; mais ne voulant en réalité que leur propre autorité, ils sont fort jaloux de celle du Pape et des évêques. Les libres penseurs ou incrédules ne sont donc pas, je le répète, brutaux comme Luther et Calvin. Non, il ne souffletteraient pas le Pape, à l'exemple de Guillaume de Nogaret et de Napoléon. Non, encore une fois : ce sont des gens qui se piquent de savoir-vivre, très doucereux même souvent. Mais sous cette peau de brebis, quels cœurs durs et inaccessibles à toute pitié! Ah! ils ne valent pas même Pilate. Celui-là se lavait les mains du sang du Juste, au fond il ne le haïssait pas. Seulement il ne voulait pas se compromettre pour le sauver. Les Pharisiens de la société moderne ont toute la lâcheté de Pilate, tout l'orgueil, toute la méchanceté et la perfidie de Guillaume de Nogaret, sans avoir l'audace des Philippe-le-Bel et des Napoléon. En un mot, ce ne sont pas des lions qui égorgent courageusement et au grand jour leur victime, ce sont des loups ou des renards qui l'enlèvent et la dévorent furtivement et sans bruit.

Oui, de quelque côté que l'on tourne ses regards, on ne voit parmi les princes et les grands que des Pilate ; et cependant si Dieu veut sauver le monde, il enverra un homme. Quel sera et d'où viendra cet homme? Aura-t-il pris naissance sur les marches d'un trône ou sous un toit de chaume? Nul ne le sait,

On parle de république. Ah! combien il serait doux de vivre sous une république chrétienne! Mais parmi les républicains, combien peu de chrétiens! Combien peu aussi dans les palais! Hélas! qui peut ignorer que les maux dont nous souffrons sont venus des hautes classes et qu'ils ne seront certainement pas guéris par le peuple qu'elles ont corrompu.

« Faut-il tout abandonner, a dit M. Gambetta dans son discours d'Angers, au bénéfice de gens qui n'auraient même ni le talent, ni l'énergie, ni le caractère de nous ramener à l'ancien régime ? » Non, certes, et personne ne croit le retour de cet ancien régime possible, au moins sans de profondes modifications. « Mais cette liberté de conscience, affirme toujours M. Gambetta, sous quelque forme qu'elle se produise, de prières, de culte, de réunion, ou au contraire qu'elle soit la négation de toutes ces choses, est-ce le parti républicain qui l'a jamais poursuivie ? »

Prétendre que le parti républicain n'a jamais poursuivi la liberté de conscience, quand il a fermé les églises de 1792 à 1801, pendant près de dix ans, c'est mentir sciemment à l'histoire d'hier. Si la liberté consiste seulement à ne pas poursuivre *la négation de toutes ces choses,* c'est-à-dire la négation de la prière et du culte, et à reconnaître le droit de se réunir pour déblatérer contre la Religion ; oh ! quant à cette liberté-là, il est certain que les républicains démocratiques et sociaux s'en montreront toujours les plus zélés partisans ; et c'est bien parce qu'on en est très convaincu, que l'on redoute si fort de les voir transformer encore les églises en clubs ou en écuries, lorsqu'ils auront reconquis le pouvoir. Croyons cependant à la bonne foi future de M. Gambetta et qu'il tentera de respecter la liberté du Catholicisme, quand il sera le maître de la France ; mais qu'il ne se flatte pas d'être suivi même par les meilleurs de son parti, qui n'exposeront certes pas leurs têtes ou leurs honneurs pour une religion dont ils sont communément les implacables ennemis.

Ne nous payons donc pas de mots. La société que les libres penseurs veulent appeler moderne, a été fondée, quoi qu'ils disent et qu'ils fassent, par Jésus-Christ, les Apôtres et leurs successeurs. Tant que les enseignements de l'Eglise seront assez suivis pour que cette société, quelque nom qu'on lui donne, subsiste, tous les efforts des révolutionnaires pour la détruire seront vains. Mais lorsque, par les lois athées, par l'éducation anti-religieuse de la jeunesse, par les mauvais exemples qui lui sont donnés, le flot de l'impiété aura suffisamment monté pour engloutir tout ce qui reste du Christianisme dans les institutions et les mœurs, alors la victoire du mal sera assurée, et la société, ancienne ou moderne, comme on voudra, aura vécu. Ce sera la barbarie jusqu'à la fin des temps. Dieu permettra-t-il cette barbarie qui annoncerait que le monde n'irait pas loin, ou suscitera-t-il un homme de foi qui en renouvellera la face, en soutenant hautement la Religion ? Je le redis, c'est le secret de

l'avenir. Mais qui pourrait attendre notre salut de théories maté-
rialistes avec lesquelles on n'a jamais rien fondé? Il ne saurait
venir que du Christianisme qui a déjà sauvé et régénéré le monde.
Bien aveugle est le riche, le noble, le puissant qui ne voit pas une
vérité aussi évidente ; bien fou et bien coupable celui qui la voyant,
ne travaille pas avec ardeur pour la faire triompher !

RÉPUBLIQUE DÉMOCRATIQUE ET SOCIALE

« Le patriciat vénitien pouvait être regardé comme le plus ancien et le plus national de l'Europe, puisqu'il remontait aux fonda-
teurs de la République, et qu'il précéda, de plusieurs siècles, les
ancêtres des plus vieilles aristocraties. Mais ces patriciens superbes,
qui laissaient prendre chez eux, à tout le monde, les titres qu'on
voulait, n'en portaient eux-mêmes aucun pour la plupart, et je ne
sais quel Français composa une dissertation, afin de prouver que
décidément ils n'étaient point gentilshommes. On voit à l'église de
la Chartreuse de Florence, dans le chœur, la tombe d'un patricien
de Venise : l'inscription exprime le noble regret d'avoir été con-
traint d'échanger son titre contre un autre du grand-duc de Tos-
cane. » (*Voyage abrégé en Italie,* par le chanoine de Sabine.)

Les patriciens de Venise étaient, en effet, par droit de naissance,
de véritables princes et bien autrement illustres que les Bismark
et tous les parvenus nommés par les chancelleries d'un Corse ou
d'un Prussien nouvellement *impérialisé.*

Je hasarde ce mot nouveau, n'en trouvant point d'autre plus
énergique pour exprimer mon aversion pour ces empereurs de
contrebande, qui n'ont dû la souveraine puissance qu'au crime, au
brigandage, à la perfidie, au mépris de tous les devoirs et de tous
les droits. Le premier duc de Prusse fut un apostat et le premier

empereur Corse un assassin. Les Bonaparte sont tombés dans la boue, et les Hohenzollern, dignes successeurs d'Albert de Brandebourg, traître à sa foi, et spoliateur de l'Eglise, n'échapperont pas plus que les héritiers de Napoléon Iᵉʳ, au juste châtiment qu'ils méritent, pour s'être élevés, depuis trois siècles, par le vol de tant de provinces, comme dernièrement par celui de l'Alsace et de la Lorraine, de Metz et de Strasbourg. Tant que ces provinces n'auront pas disparu de la surface de la terre et que leurs noms ne seront pas rayés de toutes les langues qu'on y parle, l'épée de Damoclès sera suspendue au-dessus de la tête de la Prusse, et celui-là seul sera proclamé grand, en France, qui tranchera ce fil et nous vengera.

Les trônes étant à peu près tous ébranlés en Europe, tant par la déconsidération qui s'attache à la mauvaise conduite personnelle des princes que par l'esprit révolutionnaire qui souffle de toute part, il est probable que, dans un temps plus ou moins prochain, ces trônes seront généralement renversés. Seront-ils rétablis plus tard au profit de dynasties nouvelles ou remplacés par des républiques ? Je ne sais ; mais ce qui paraît évident, c'est que la République démocratique et sociale, dont M. Gambetta lui-même s'est déclaré le commis-voyageur, au banquet du Havre, en présence du maire de la ville et de rares et obscurs adhérents, n'a de chance de durée en aucun pays. Elle pourra bien passer, quelques mois, quelques années peut-être, comme une tourmente, sur les peuples et faire en tout lieu table rase des sottes institutions actuelles ; mais quant à en fonder d'autres plus solides, ceci est autre chose, et il faudrait être stupide pour le croire. Il est vrai que la République étant le gouvernement de tout le monde, chacun a le droit de l'entendre à sa manière et autrement que MM. le maire du Havre et Gambetta.

A quoi servent les enseignements de l'histoire ? L'erreur capitale de notre époque consiste à poursuivre une égalité chimérique. Cette égalité n'existe nulle part dans la nature ; où l'a-t-on jamais rencontrée dans les institutions et dans les mœurs ? Quand donc et dans quelle région du globe, une société monarchique ou républicaine, sans hiérarchie, a-t-elle pu longtemps subsister ? Autant vaudrait entreprendre d'élever un édifice, sans employer aucun ciment. C'est cependant cette impossibilité manifeste que nous cherchons à réaliser depuis bientôt un siècle, et pour laquelle nous consumons en vain toutes nos forces et notre intelligence, au milieu d'incessants dangers. Croit-on que la République romaine aurait vaincu le monde, si elle eût été démocratique et sociale ? Elle était avant tout aristocratique, c'est-à-dire hiérarchique, ce que n'ignore pas le dernier écolier. Pourquoi la République de Venise a-t-elle vécu si longtemps et avec tant de gloire ? C'est qu'à Venise comme à Rome, le gouvernement était entre les mains de patriciens habiles qui, par de sages tempéraments avec le peuple, savaient maintenir la concorde et la stabilité dans l'Etat. Pourquoi encore, de nos jours, l'Angleterre est-elle si riche et si puissante ? Parce que c'est une oligarchie qui gouverne chez elle, qu'on y veut la liberté et qu'on repousse l'égalité. Athènes, Carthage, au contraire, Florence et tant d'autres républiques soi-disant démocratiques ont très peu duré, parce qu'elles n'avaient pas les avantages d'une hiérarchie, conservatrice des traditions, et que l'envie inhérente aux gouvernements électifs y paralysait sans cesse l'action des lois. Si cependant ces républiques ont jeté un éclat passager, c'est grâce seulement à quelques grands hommes ; mais la gloire qu'ils ont acquise un très court laps de temps à leur patrie, s'est promptement éclipsée, et toute stabilité s'est évanouie avec eux. La Grèce démocratique, d'abord subjuguée par les rois de Macédoine, fut plus tard détruite, comme Carthage, par les consuls romains. Florence, où il a fallu, pendant quelque temps, prouver qu'on n'était pas noble de naissance, pour avoir le droit de prendre part aux affaires, fut, à toutes les époques de ses annales, bouleversée de fond en comble par les factions, jusqu'au jour où, pour acheter le sommeil de la tombe, elle livra sa liberté et son indépendance aux Médicis.

Voilà, je le répète, les leçons de l'histoire, malgré l'orgueil et l'obstination des pédants de révolution. Ces pédants et ces pervers pensent mieux faire que les rhéteurs des siècles passés. Ils mentent ou ils s'abusent, et la meilleure preuve en est que, partout où leurs doctrines égalitaires triomphent momentanément, on ne peut gouverner qu'en leur donnant aussitôt un démenti en se gardant de les appliquer. Nous voici en République provisoire ou non. Est-ce que M. Thiers, qui la préside, est autre chose qu'un roi provisoire aussi, si l'on veut, mais en réalité plus puissant, en attendant un gouvernement définitif, qu'un véritable roi ? M. Gambetta ne jouait-il pas, de son côté, au souverain ou au dictateur lorsque, après son voyage en ballon de Paris assiégé à Bordeaux, devenu sa capitale, il disposait sans contrôle de la France et violait ou suspendait toutes les lois ? Quand il dictait sa volonté dans ses célèbres circulaires, ne se croyait-il pas et ne se mettait-il pas, en effet, lui-même au-dessus de tous ? Et l'on croirait encore à l'établissement de la République démocratique et sociale ! Oh ! cette République viendra sans doute pour tout détruire, mais elle est bien incapable de rien fonder, car la plupart de ceux qu'on appelle des démocrates sont, avant tout, ennemis de l'Eglise, la grande institutrice du genre humain. — « Etres pervers, à qui le mal plaît et qui l'aiment pour lui-même ; ils ne respirent à l'aise que sur les ruines, et, quand la puissance leur est laissée, le crime sort de leur âme, comme la lave du bord d'un cratère. » (LA MENNAIS.)

Cependant le triomphe prochain de ces êtres pervers semble inévitable, puisque les sommités sociales ne veulent pas se réveiller de leur assoupissement. Renversées avec les trônes, seront-elles seulement châtiées et régénérées, ou bien seront-elles remplacées par d'autres aristocraties plus dignes de commander aux hommes? Il est impossible de le prévoir. Quoi qu'il en soit, le Christianisme est le seul phare de salut dans la nuit qui s'approche. Quiconque se conduira en suivant sa lumière sera prince ou martyr : *Hæc est victoria quæ vincit mundum, fides nostra.*

Il est des gens qui se proclament les amis de tout le monde, et qui déchirent chaque homme en particulier. Il est permis, au contraire, de peu estimer les hommes en général, puisque saint Paul dit qu'ils sont naturellement si mauvais qu'ils ne peuvent même pas, sans une grâce spéciale, prononcer le nom de Dieu avec amour ; mais les vrais chrétiens doivent aimer tous ceux avec qui ils sont en rapport, ou du moins ne jamais chercher à nuire à personne.

Que les chrétiens se préparent donc à combattre le mal, dès qu'il sera déchaîné. Qu'ils se concertent, en attendant, et qu'ils s'éloignent avec soin « des lâches, des hypocrites et des traîtres.» La misanthropie est un sentiment méconnu, il y a des hommes qui aiment mieux fuir que feindre.

CONCLUSION

On a pensé, dans tous les temps, que la monarchie convenait mieux aux grands États que la démocratie, sans pourtant se dissimuler les inconvénients du premier de ces gouvernements. Car, avec l'hérédité monarchique, on a des Henri VIII, qui, pour assouvir leurs passions brutales, changent violemment les institutions d'un peuple, font tomber sous la hache du bourreau les plus nobles têtes qui leur résistent, avilissent tous les caractères et laissent à la postérité la plus reculée les germes des plus sanglantes révolutions. A des Auguste succèdent des monstres tels que les Tibère et les Néron, à Constantin les vils empereurs de Byzance, à Charlemagne des Louis-le-Débonnaire. Après les règnes glorieux d'Henri IV et de Louis XIV, viennent des minorités, remplies de troubles comme celle de Louis XIII, et les hontes de la Régence d'Orléans. Enfin, après des épopées brillantes, quoique stériles et souvent criminelles, telles que celle de Napoléon-*le-Grand*, on a la douleur d'assister au démembrement, à la ruine et à la dégradation de sa patrie, sous un Bonaparte de Sedan.

Quel est donc le plus solide et le meilleur gouvernement? Celui que l'étymologie même désigne, le gouvernement aristocratique, puisque l'expression seule indique que c'est le gouvernement des plus capables, des plus illustres, des plus intéressés à la chose publique, en un mot, des meilleurs. La France ne veut pas, dit-on, être gouvernée par l'aristocratie. Eh bien! si cela est vrai, la France périra. Car s'il lui plaît, en confiant sans discernement ses destinées à la foule, née pour obéir et non pour commander, d'oublier cette sentence de l'Écriture : *Stultorum numerus infinitus*, et d'entreprendre ainsi de faire tenir une pyramide sur son sommet et non sur sa base, d'autres nations plus sages ne la suivront pas dans ses folles expériences et prendront sa place dans le monde. Les lois qui régissent la morale ne seront pas plus changées que celles de la nature, et la logique, qui est l'essence même des choses, Dieu enfin n'abdiquera pas.

La Rochette-l'Étang, 2 mai 1872.